LES PETITS

FAIT MAISON

RECETTES TESTÉES À LA MAISON

COCKTAILS ET JUS DE LÉGUMES

Photographies : Aline Princet
Stylisme : Jesiel Maxán

SOMMAIRE

JUS DE LÉGUMES

MOCKTAILS ET SMOOTHIES

COCKTAILS

EAUX DE LÉGUMES

INTRODUCTION

La réalisation d'un jus ou d'un cocktail de légumes est très simple mais, pour que le résultat soit excellent, il faudra veiller à bien faire son marché.

Faites attention à la qualité et à la fraîcheur de ce que vous allez acheter. Privilégiez les produits extrafrais, cultivés localement de préférence et si possible issus de cultures biologiques. Ils devront être beaux et bien fermes sans tâches ni défauts. De même, un légume qui pousse dans la terre est bien meilleur qu'un légume qui pousse dans l'eau, renseignez-vous sur le mode de culture, pour les carottes notamment.

Tout cela fera une vraie différence dans votre verre !
Santé !

Stéphanie de Turckheim

MODE D'EMPLOI

LES PETITS
FAIT MAISON
RECETTES TESTÉES À LA MAISON

LES COCKTAILS ET JUS DE LÉGUMES, C'EST QUOI ?

Les cocktails, mocktails ou jus de légumes sont des mélanges et des associations de plusieurs légumes auxquels on peut ajouter des fruits, un jus, un sirop, un produit laitier ou végétal, des épices ou des aromates.

Ce sont des boissons très saines, gorgées de vitamines avec des saveurs et des textures originales. Les légumes sont crus, de saison de préférence et issus de cultures biologiques ou sans pesticides. Les préparations obtenues ont des couleurs toniques, orange, vertes, rouges, roses et des goûts qui nous ramènent à la nature, à une sensation de fraîcheur, de bien-être et de santé.

LES JUS DE LÉGUMES sont des préparations qui se font à l'aide d'un extracteur ou d'une centrifugeuse : d'où on extrait les fibres, ce qui donne une texture lisse et fluide.

LES COCKTAILS OU MOCKTAILS sont des mélanges, assemblages de plusieurs jus avec des ajouts de sirop, limonade, eau ou alcool. Ils seront réalisés avec un extracteur ou une centrifugeuse puis mélangés dans un blender ou un shaker.

LES SMOOTHIES ont une texture dense et onctueuse, c'est un mélange de jus ou lait (animal ou végétal) et d'un fruit ou légume fibreux (avocat, mangue, banane). Ils seront réalisés avec un extracteur ou une centrifugeuse et un blender.

En fonction de vos goûts ou de vos envies, vous pourrez réaliser des préparations toniques en ajoutant par exemple à un jus de betterave ou à un jus de carotte du gingembre, du persil ou du poivre ; des préparations apaisantes à base de concombre, des préparations digestives contenant du fenouil ou du citron. Mais aussi des préparations désaltérantes et détox avec les eaux de légumes.
Les cocktails contenant de l'alcool sont des préparations sympathiques à déguster entre amis et avec modération.

Il faut prendre en compte que déguster ainsi des fruits, légumes et herbes fraîches est un bienfait et un atout pour votre santé. Ils apportent énormément de vitamines, de minéraux et d'antioxydants qui seront des aides dans la prévention des cancers, des dégénérescences ou des maladies du cœur.
De plus, il est conseillé de manger au moins 5 fruits et légumes par jours, en boisson c'est une façon simple, rapide et délicieuse.
Enfin, les légumes ou fruits ne sont pas cuits ou transformés ; consommés frais, ils gardent encore plus leurs bienfaits.

Aussi, changez vos habitudes !

PRÉPARER LES COCKTAILS ET JUS DE LÉGUMES

Comment déguster les préparations à base de légumes ?

Dégustez **LES JUS DE LÉGUMES** le matin au petit déjeuner ou au réveil mais aussi en coup de fouet en fin de matinée ou à l'heure du goûter.

LES SMOOTHIES plus denses et nourrissants, pourront être consommés le matin au petit déjeuner, au goûter mais serviront également de repas léger.

LES EAUX DE LÉGUMES sont à consommer toute la journée à la maison comme au bureau. Pour le bureau, coupez finement les ingrédients et mettez-les dans une bouteille.

LES COCKTAILS ET MOCKTAILS seront servis en guise d'apéritif.

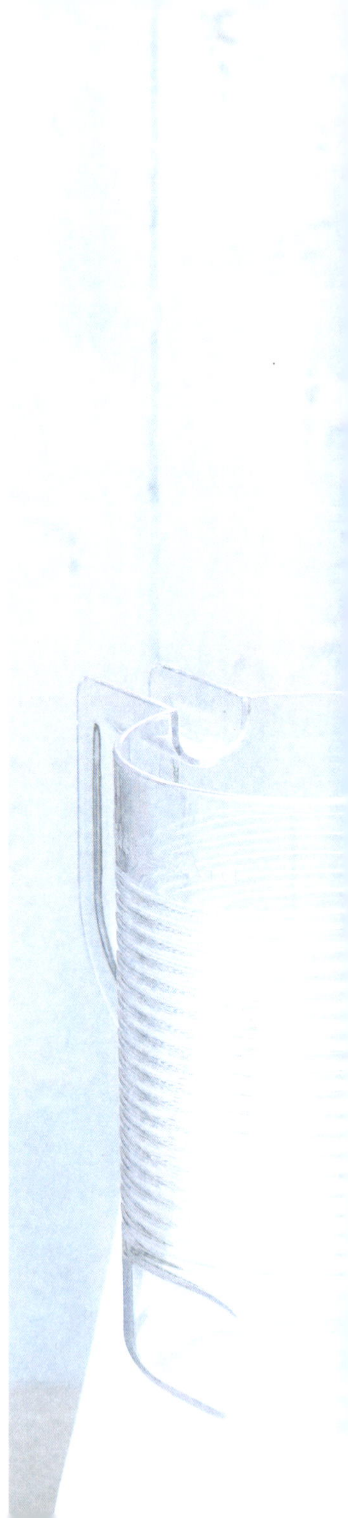

KitchenAid

PLANTES, HERBES, ÉPICES ET AROMATES POUR DONNER DU PEPS

Depuis toujours, les plantes, les herbes, les épices ou les aromates sont utilisées en cuisine pour leurs goûts, leurs saveurs ou leurs vertus.

Utilisez-les **FRAIS DE PRÉFÉRENCE ;** ils jouent un rôle essentiel en cuisine car ils exhaussent le goût et mettent en valeur n'importe quel plat.

Dans nos préparations, ce sera la même chose. Un jus de légumes agrémenté de persil plat frais, de coriandre ou d'oseille sera délicieux et la présence d'une herbe aromatique lui apportera fraîcheur et caractère.
LE GINGEMBRE, LE CURRY OU LE PIMENT D'ESPELETTE apporteront, quant à eux, du piquant et de la chaleur.

LA MENTHE DIGESTIVE associée au concombre vous désaltérera de façon agréable.

Selon vos goûts et vos envies et en fonction des saisons, ajoutez de la menthe, de la ciboulette, du basilic, de l'estragon, de la livèche, du thym ou de l'origan.

ÉPICEZ AVEC DES POIVRES PARFUMÉS, DE L'ANIS, DE LA RÉGLISSE OU DU CURRY. Utilisez aussi les sirops de plantes, gingembre, basilic très utiles pour donner du goût mais aussi équilibrer une boisson aux ingrédients légèrement acides, comme dans le smoothie rouge à la tomate (p. 60).

ET LES FRUITS DANS TOUT ÇA ?

Les fruits apporteront de la douceur et un goût sucré. Ils adouciront vos préparations en corrigeant l'acidité ou l'amertume. Par exemple, dans un jus panais, pomme et citron (p. 36) ou un jus de chou vert, poire, gingembre et céleri (p. 42).

Le mélange légumes-fruits est très agréable et permet de découvrir de nouvelles saveurs.

- Le jus épinard, pomme, cresson et persil plat (p. 40) est un vrai concentré vert qui vous apportera les bienfaits d'une boisson détox.
- Le cocktail tomate, ananas et limonade (p. 68) vous étonnera agréablement par son côté pétillant et vous fera découvrir une nouvelle façon de déguster l'ananas.
- Le smoothie oriental à base d'avocat, de dattes, de lait et de fleur d'oranger (p. 56), nourrissant et doux, sera un breuvage réconfortant aux saveurs orientales.

IDÉES DE DÉGUSTATIONS

Accompagnez votre jus de légumes au petit déjeuner d'une omelette aux herbes, d'un œuf coque avec des mouillettes de pain complet grillé ou de tartines de fromage frais avec des fines herbes.
Pour les becs sucrés, optez pour des compotes avec du fromage blanc de brebis ou des yaourts végétaux avec du grande ou du muesli. Sans oublier les tartines de miel ou de confiture !

Imaginez aussi **UN DÉJEUNER EXPRESS** avec un jus de légumes et un bol de céréales cuites : riz, blé, pâtes ou quinoa (simplement agrémenté d'huile d'olive, sel et poivre).

LES JUS DE LÉGUMES pourront également servir à équilibrer un repas à base de féculents.

LES SMOOTHIES se suffisent à eux-mêmes, ils calent bien et se dégustent sans rien, tout simplement, au petit déjeuner comme au goûter ou pour un repas léger.

LES COCKTAILS ET LES MOCKTAILS se dégustent plus facilement entre amis à l'apéritif.
Préparez des petits-fours simples à base de pâte feuilletée avec des herbes ou des épices. Utilisez de l'origan, du thym, du romarin ou du basilic avec des préparations à base de tomate : cocktail épicé (p. 68), cocktail mexicain (p. 72) ou mocktail tomate, ananas, limonade et Antésite® (p. 52). Préférez des graines plus neutres, pavot ou sésame, pour les préparations aux saveurs corsées : mocktail courgette, gingembre, coriandre, ginger ale et curry (p. 48) ou cocktail avocat, mangue, lait de coco et rhum (p. 70).
Réalisez également des feuilletés neutres à la fleur de sel ou aux grains de poivre qui se dégusteront avec tout.
Pensez à la pizza blanche, simplement avec un filet d'huile d'olive et une pincée d'herbes.

JUS DE LÉGUMES

CAROTTE, PAMPLEMOUSSE,
GINGEMBRE ET PINCÉE DE POIVRE LONG

POUR 1 GRAND VERRE

5 MIN DE PRÉPARATION

FACILE
COÛT €

MATÉRIEL

1 économe
1 extracteur
ou centrifugeuse

2 carottes • 1 pamplemousse • 1 cm de gingembre • 1 pincée de poivre long

1. Lavez les carottes et coupez les bouts.

2. Épluchez le pamplemousse et coupez-le en quatre.

3. Enlevez la peau du morceau de gingembre.

4. Passez le tout à l'extracteur ou à la centrifugeuse et dégustez immédiatement avec une pincée de poivre long.

VARIANTE
Remplacez le pamplemousse par 2 oranges.

CAROTTE, GINGEMBRE
ET CURCUMA

POUR 1 GRAND VERRE

5 MIN DE PRÉPARATION

FACILE
COÛT €

MATÉRIEL

1 économe
1 extracteur
ou centrifugeuse

3 carottes • ½ pousse de gingembre • 1 petit morceau de curcuma frais • 1 pincée de poivre noir

1 Lavez les carottes et coupez les bouts.

2 Épluchez le gingembre.

3 Passez les carottes, le gingembre et le curcuma à la centrifugeuse ou à l'extracteur.

4 Ajoutez le poivre noir et dégustez immédiatement.

VARIANTE
Utilisez du curcuma en poudre.

RHUBARBE, POMME, FENOUIL ET PINCÉE D'ANIS ÉTOILÉ

POUR 1 GRAND VERRE

5 MIN DE PRÉPARATION

FACILE
COÛT €

MATÉRIEL

1 économe
1 extracteur
ou 1 centrifugeuse

3 tiges fines (plus fines = moins acides) de rhubarbe • 2 pommes sucrées (boskoop, gala ou Pink Lady) • ½ fenouil • 1 pincée d'anis étoilé • 1 cuil. à café de miel selon les goûts

1 Lavez les tiges de rhubarbe et coupez-les en tronçons.

2 Lavez les pommes et coupez-les en quatre.

3 Lavez le fenouil et passez le tout à la centrifugeuse ou à l'extracteur.

4 Ajoutez une pincée d'anis étoilé, mélangez puis sucrez si nécessaire et dégustez immédiatement.

VARIANTE
Remplacez l'anis étoilé par du gingembre.

CAROTTE, PATATE DOUCE, FENOUIL, POMME, GINGEMBRE ET CITRON VERT

POUR 1 GRAND VERRE

5 MIN DE PRÉPARATION

FACILE
COÛT €€

MATÉRIEL

1 économe
1 extracteur
ou 1 centrifugeuse

1 carotte • 1 fenouil • 1 pomme • 1 cm de gingembre • 1 citron vert • 10 cm de patate douce • 5 brins de persil

1. Lavez les légumes.

2. Coupez les bouts de la carotte et du fenouil.

3. Coupez la pomme en quatre.

4. Épluchez le gingembre et le citron vert.

5. Passez le tout dans la centrifugeuse ou l'extracteur sans oublier la patate douce et le persil. Dégustez immédiatement.

VARIANTE
Remplacez le gingembre par 1 cm de curcuma.

CÉLERI, ÉPINARD, CAROTTE, GINGEMBRE ET POMME

POUR 1 GRAND VERRE

5 MIN DE PRÉPARATION

FACILE
COÛT €

MATÉRIEL

1 économe
1 extracteur
ou 1 centrifugeuse

2 branches de céleri • 1 poignée d'épinards bien frais • 2 carottes • 1 pomme douce • ½ cm de gingembre • 1 pincée de macis

1 Lavez les légumes et coupez la pomme en quatre.

2 Pelez le gingembre.

3 Passez le tout à l'extracteur ou à la centrifugeuse.

4 Ajoutez le macis et dégustez immédiatement.

VARIANTE
Utilisez des carottes anciennes aux saveurs douces et fruitées.

KALE, POMME, ORANGE, YUZU
ET PIMENT D'ESPELETTE

POUR 1 GRAND VERRE

5 MIN DE PRÉPARATION

FACILE
COÛT €€

MATÉRIEL

1 économe
1 extracteur
ou 1 centrifugeuse

2 feuilles de chou kale • 1 pomme • 1 orange • 3 cuil. à soupe de jus de yuzu • 1 pincée de piment d'Espelette

1 Lavez les feuilles de chou kale, ôtez la tige.

2 Coupez la pomme en quatre et épluchez l'orange.

3 Passez le tout à l'extracteur ou à la centrifugeuse.

4 Ajoutez le jus de yuzu et le piment d'Espelette. Mélangez et dégustez immédiatement.

VARIANTE
Utilisez du yuzusco, sauce pimentée (genre de Tabasco®) au yuzu, disponible dans les épiceries japonaises, les épiceries du monde en grandes surfaces ou sur Internet.

PANAIS, POMME ET CITRON

POUR 1 GRAND VERRE

5 MIN DE PRÉPARATION

FACILE
COÛT €

MATÉRIEL

1 économe
1 extracteur
ou 1 centrifugeuse

2 pommes • 1 panais • 1 citron

1. Lavez les pommes et coupez-les en quatre.
2. Lavez le panais et coupez-le en tronçons.
3. Épluchez le citron.
4. Passez le tout à l'extracteur ou à la centrifugeuse et dégustez immédiatement.

VARIANTE
Remplacez le panais par un céleri.

BETTERAVE, CITRON, GINGEMBRE ET CERFEUIL

POUR 1 GRAND VERRE

10 MIN DE PRÉPARATION

FACILE
COÛT €

MATÉRIEL

1 économe
1 extracteur
ou 1 centrifugeuse

1 betterave crue • 1 botte de cerfeuil • 1 citron jaune • ½ cm de gingembre

1 Lavez la betterave et coupez-la en morceaux.

2 Passez le cerfeuil sous l'eau.

3 Épluchez le citron et le gingembre.

4 Passez le tout à l'extracteur ou à la centrifugeuse et dégustez immédiatement.

VARIANTE
Remplacez le cerfeuil par 3 feuilles de menthe fraîche poivrée.

ÉPINARD, CRESSON, POMME
ET PERSIL PLAT

POUR 1 GRAND VERRE

5 MIN DE PRÉPARATION

FACILE
COÛT €

MATÉRIEL

1 économe
1 extracteur
ou 1 centrifugeuse

2 pommes • 1 poignée de feuilles d'épinards • 1 botte de cresson • ½ botte de persil plat • 1 pincée de poivre doux

1 Lavez les pommes, les épinards et les herbes aromatiques.

2 Coupez les pommes en quatre.

3 Passez le tout à l'extracteur ou à la centrifugeuse.

4 Ajoutez le poivre doux et dégustez sans tarder.

VARIANTE
Remplacez les épinards et le cresson par un petit panais.

CHOU VERT, POIRE,
GINGEMBRE ET CÉLERI

POUR 1 GRAND VERRE

10 MIN DE PRÉPARATION

FACILE
COÛT €

MATÉRIEL

1 économe
1 extracteur
ou 1 centrifugeuse

½ chou vert • 2 poires • 1 cm de gingembre • 1 branche de céleri

1 Lavez les feuilles de chou vert.

2 Lavez les poires et coupez-les en deux.

3 Épluchez le gingembre et coupez le céleri en tronçons.

4 Passez le tout à la centrifugeuse ou à l'extracteur. Dégustez aussitôt.

VARIANTE
Remplacez le chou vert et le céleri par du chou kale.

MOCKTAILS ET SMOOTHIES

CONCOMBRE, PERSIL, EAU DE COCO, JUS DE CITRON ET CURCUMA

POUR 2 VERRES

5 MIN DE PRÉPARATION

FACILE
COÛT €€

MATÉRIEL

1 presse-agrumes
1 blender

2 petits concombres • 1 botte de persil plat • 20 cl d'eau de coco froide • 1 citron • 1 pincée de curcuma en poudre

1. Lavez les concombres, coupez-les en 3 et mettez-les dans la cuve du blender.
2. Lavez le persil et ajoutez les feuilles dans le blender.
3. Versez l'eau de coco puis pressez le citron et ajoutez le jus.
4. Mixez jusqu'à ce que la préparation soit liquide, lisse et homogène.
5. Ajoutez le curcuma. Mixez de nouveau et dégustez immédiatement.

VARIANTES
Remplacez le citron jaune par du citron vert et le persil par de la coriandre.

COURGETTE, GINGEMBRE, CORIANDRE, GINGER ALE ET POINTE DE CURRY

POUR 2 VERRES

5 MIN DE PRÉPARATION

FACILE
COÛT €€

MATÉRIEL

1 blender

1 petite courgette • 1 cm de gingembre • ½ botte de coriandre • 25 cl de ginger ale • 1 pincée de curry • 2 cuil. à soupe de glace pilée

1 Lavez la courgette, coupez les bouts et détaillez-la en tronçons avant de la mettre dans le blender

2 Épluchez le gingembre et ajoutez-le.

3 Lavez la coriandre et placez les feuilles dans le blender.

4 Mixez le tout et ajoutez le ginger ale puis le curry.

5 Disposez la glace pilée dans les verres et versez la préparation. Dégustez immédiatement.

VARIANTE
Remplacez le ginger ale par un autre tonic.

TOMATE, CÉLERI, CONCOMBRE, CHOU, PERSIL, ARÔME MAGGI® ET SEL DE CÉLERI

POUR 2 VERRES

5 MIN DE PRÉPARATION

FACILE
COÛT €€

MATÉRIEL

1 blender

2 belles tomates bien mûres • 1 branche de céleri • 1 petit concombre • 1 feuille de chou • 5 brins de persil • 3 gouttes d'arôme Maggi® • 2 cuil. à soupe de glace pilée • Sel de céleri

1 Plongez les tomates dans une casserole d'eau bouillante, pelez-les sous l'eau froide et mettez-les dans le blender.

2 Ajoutez la branche de céleri, le concombre, la feuille de chou, le persil et les gouttes de Maggi®.

3 Mixez et ajoutez un peu d'eau pour détendre la préparation.

4 Disposez la glace pilée dans les verres, versez la préparation et ajoutez un peu de sel de céleri. Dégustez.

VARIANTE
Remplacez l'arôme Maggi® par 3 feuilles de livèche.

TOMATE, ANANAS, LIMONADE ET ANTÉSITE®

POUR 2 VERRES

5 MIN DE PRÉPARATION

FACILE
COÛT €€

MATÉRIEL

1 blender

2 tomates • ½ ananas Victoria • 20 cl de limonade • 4 glaçons • 2 traits d'Antésite®

1 Plongez les tomates dans une casserole d'eau bouillante, pelez-les sous l'eau froide et mettez-les dans le blender.

2 Ajoutez l'ananas et mixez. Versez la limonade, mixez.

3 Disposez 2 glaçons dans chaque verre, versez la préparation et ajoutez un trait d'Antésite®. Dégustez.

VARIANTE
Remplacez la limonade par une eau gazeuse simple aromatisée au citron.

ÉPINARD, PERSIL, JUS DE CLÉMENTINE ET DE POMME BRUT

POUR 2 VERRES

5 MIN DE PRÉPARATION

FACILE
COÛT €€

MATÉRIEL

1 presse-agrumes
1 blender

1 grosse poignée de pousses d'épinards • ½ botte de persil plat • 10 cl de jus de clémentine • 20 cl de jus de pomme brut • 2 cuil. à soupe de glace pilée

1 Lavez les pousses d'épinards et mettez-les dans le blender.

2 Détachez les feuilles de persil et ajoutez-les aux pousses d'épinards.

3 Versez les jus de clémentine et de pomme. Mixez bien.

4 Disposez 1 cuil. à soupe de glace pilée dans chaque verre puis versez la préparation. Servez immédiatement.

VARIANTE
Remplacez les pousses d'épinards par de la mâche.

SMOOTHIE ORIENTAL

POUR 2 VERRES

5 MIN DE PRÉPARATION

FACILE
COÛT €€

MATÉRIEL

1 blender

1 avocat • 2 dattes • 20 cl de lait écrémé frais • 1 cuil. à soupe d'eau de fleur d'oranger

1. Épluchez l'avocat et mettez-le dans le blender.
2. Ajoutez les dattes dénoyautées, versez le lait et l'eau de fleur d'oranger.
3. Mixez et dégustez immédiatement.

VARIANTE
Remplacez les dattes par 1 cuil. à soupe de miel.

SMOOTHIE CRÉMEUX AUX HERBES AROMATIQUES

POUR 2 VERRES

5 MIN DE PRÉPARATION

FACILE
COÛT €€

MATÉRIEL

1 blender
1 presse-agrumes

1 petite courgette verte • 2 tiges de menthe • ½ botte de persil • ½ botte de coriandre • 20 cl de lait fermenté bien frais • 1 citron • 1 pincée de poivre noir

1 Lavez la courgette, coupez les bouts puis coupez-la en trois.

2 Lavez les herbes et mettez les feuilles dans le blender. Ajoutez les morceaux de courgette, versez le lait et mixez.

3 Pressez le citron.

4 Versez la préparation dans les verres, ajoutez un peu de jus de citron, du poivre et dégustez.

VARIANTE
Remplacez le citron par 1 trait de vinaigre de cidre.

SMOOTHIE ROUGE ET SIROP
AU BASILIC

POUR 2 VERRES

10 MIN DE PRÉPARATION

FACILE
COÛT €€

MATÉRIEL

1 économe
1 presse-agrumes
1 blender

3 tomates • 1 poivron • 1 avocat • 1 citron • 1 cuil. à soupe de sirop de basilic • 4 glaçons

1 Plongez les tomates dans une casserole d'eau bouillante, pelez-les sous l'eau froide et mettez-les dans le blender.

2 Épluchez le poivron, coupez-le en quatre et ôtez les grains et les membranes.

3 Épluchez l'avocat et pressez le citron.

4 Mettez le tout dans le blender et ajoutez le sirop de basilic.

5 Mixez bien. Quand la texture est lisse, ajoutez les glaçons et mixez encore. Dégustez immédiatement.

VARIANTE
Remplacez le sirop de basilic par du sirop de romarin.

SMOOTHIE ROSE ACIDULÉ

POUR 2 VERRES

5 MIN DE PRÉPARATION

FACILE
COÛT €€

MATÉRIEL

1 blender

1 betterave • 1 banane • 1 cm de gingembre • 18 cl de jus de canneberge

1. Épluchez la betterave, coupez-la en morceaux puis mettez-les dans le blender.
2. Épluchez la banane et le gingembre et ajoutez-les dans le blender.
3. Versez le jus de canneberge et mixez.

VARIANTE
Remplacez le jus de canneberge par de l'eau de coco.

SMOOTHIE FRAÎCHEUR
VERTE

POUR 2 VERRES

5 MIN DE PRÉPARATION

FACILE
COÛT €€

MATÉRIEL

1 presse-agrumes
1 blender

20 cl de thé vert froid • 1 avocat • 1 citron • 2 feuilles de menthe • 4 cuil. à soupe de feuilles de coriandre • 1 pincée de paprika

1 Versez le thé vert dans le blender.

2 Épluchez l'avocat et pressez le citron. Versez le tout dans le blender, et ajoutez la menthe et la coriandre.

3 Mixez bien.

4 Servez la préparation dans chaque verre, ajoutez du paprika et dégustez bien froid.

VARIANTE
Ajoutez des glaçons si vous le préparez à l'avance.

COCKTAILS

COCKTAIL ÉPICÉ TOMATE-VODKA

POUR 2 VERRES

5 MIN DE PRÉPARATION

FACILE
COÛT €€€

MATÉRIEL

1 blender

25 cl de passata de tomates • 1 branche de céleri • Le jus d'½ citron • 1 cuil. à café de purée de piment d'Espelette • 10 cl de sauce Worcestershire • 1 pincée de sel de céleri • 1 pincée de poivre noir • 10 cl de vodka • 2 cuil. à soupe de glace pilée • 2 feuilles de céleri

1 Versez la passata de tomates dans le blender.

2 Ajoutez la branche de céleri, le jus de citron, la purée de piment d'Espelette, la sauce Worcestershire, le sel de céleri et le poivre.

3 Mixez bien, la texture doit être bien lisse et homogène.

4 Ajoutez la vodka et la glace pilée et mixez de nouveau.

5 Servez immédiatement et décorez avec des feuilles de céleri.

VARIANTE
Remplacez la passata par du jus de tomate.

AVOCAT, MANGUE, LAIT DE COCO
ET RHUM

POUR 2 VERRES

5 MIN DE PRÉPARATION

FACILE
COÛT €€€

MATÉRIEL

1 blender

½ mangue mûre et juteuse • ½ avocat • 12 cl de lait de coco • 8 cl de rhum blanc • 4 cl de rhum ambré • 4 cuil. à soupe de glace pilée • 1 cuil. à café de zeste de citron

1 Mettez la mangue et l'avocat dans le blender, versez le lait de coco et mixez.

2 Ajoutez les rhums et la glace et mixez de nouveau.

3 Versez la préparation dans chaque verre, ajoutez le zeste de citron et servez immédiatement.

VARIANTES

Ajoutez un jus de citron vert. Utilisez de la mangue congelée.

COCKTAIL MEXICAIN

POUR 2 VERRES

8 MIN DE PRÉPARATION

FACILE
COÛT €€€

MATÉRIEL

1 économe
1 presse-agrumes
1 blender

2 tomates • ½ oignon nouveau • 1 citron vert • 2 oranges • 1 cuil. à soupe de miel • 1 pincée de sel • 1 pincée de poivre de Jamaïque • 15 cl de tequila • 4 glaçons

1 Plongez les tomates dans une casserole d'eau bouillante, pelez-les sous l'eau froide et mettez-les dans le blender.

2 Épluchez l'oignon et ajoutez-le.

3 Pressez le citron vert et les oranges et versez le jus dans le blender.

4 Ajoutez le miel, le sel et le poivre. Mixez bien et versez la téquila. Mixez de nouveau.

5 Disposez 2 glaçons dans chaque verre et versez la préparation. Dégustez immédiatement.

VARIANTE
Utilisez un piment moins fort que le piment de Jamaïque.

ORANGE, CITRON, AVOCAT, PERSIL ET PASTIS

POUR 2 VERRES

5 MIN DE PRÉPARATION

FACILE
COÛT €€

MATÉRIEL

1 presse-agrumes
1 blender

1 avocat • 3 oranges • 1 citron • 4 cuil. à soupe de persil • 2 cuil. à soupe de glace pilée • 8 cl de pastis • Eau

1 Pelez l'avocat et mettez-le dans le blender.

2 Pressez les oranges et le citron.

3 Versez dans le blender et ajoutez le persil. Mixez en texture lisse et homogène.

4 Ajoutez la glace pilée et le pastis. Mixez rapidement, goûtez, ajoutez un peu d'eau selon les goûts et servez. Dégustez immédiatement.

CONCOMBRE, MELON ET GIN TONIC

POUR 2 VERRES

5 MIN DE PRÉPARATION

FACILE
COÛT €€€

MATÉRIEL

1 économe
1 blender

1 concombre • ½ melon • 15 cl de gin tonic • 4 glaçons • 1 pincée de poivre noir de Kampot

1. Épluchez le concombre et mettez-le dans le blender.
2. Ajoutez le melon et mixez bien.
3. Versez le gin tonic et mixez rapidement.
4. Disposez les glaçons dans les verres et servez avec le poivre noir de Kampot.

VARIANTES
Remplacez le gin tonic par de la vodka. Mettez plus ou moins de melon selon les goûts.

EAUX DE LÉGUMES

CÉLERI RAVE, CITRON ET PERSIL

POUR 1 LITRE

8 MIN DE PRÉPARATION
30 MIN MINIMUM DE REPOS

FACILE
COÛT €

MATÉRIEL

1 économe
1 grande carafe

¼ de céleri rave + feuilles • 1 citron jaune • 4 branches de persil • 1 cuil. à café de fenouil en grains • 1 l d'eau filtrée

1 Épluchez le céleri et coupez-le en tranches.

2 Lavez le citron et coupez-le en rondelles.

3 Mettez le tout dans le fond d'une carafe, ajoutez les branches de persil, quelques feuilles de céleri et le fenouil en grains.

4 Remplissez d'eau filtrée et laissez reposer au frais.

VARIANTE
Remplacez le fenouil en grains par des graines de coriandre.

CONCOMBRE, CITRON ET MENTHE

POUR 1 LITRE

5 MIN DE PRÉPARATION
30 MIN MINIMUM DE REPOS

FACILE
COÛT €

MATÉRIEL

1 carafe

1 petit concombre • 1 citron jaune • 5 brins de menthe • 1 pincée de wasabi en poudre • 1 l d'eau gazeuse

1. Lavez le concombre et le citron jaune et coupez-les en rondelles.
2. Mettez-les dans une carafe, ajoutez la menthe et le wasabi.
3. Versez l'eau gazeuse et laissez reposer au frais.

VARIANTE
Remplacez le wasabi par 2 rondelles de radis noir.

CAROTTE, ORANGE, CITRON ET MENTHE

POUR 1 LITRE

5 MIN DE PRÉPARATION
30 MIN MINIMUM DE REPOS

FACILE
COÛT €

MATÉRIEL

1 économe
1 presse-agrumes
1 carafe

2 carottes • 1 orange • 1 citron jaune • 3 brins de menthe • 1 cuil. à soupe de gingembre frais râpé • 1 l d'eau filtrée

1. Épluchez les carottes et coupez-les en rondelles.
2. Prélevez 2 larges bandes de peau de citron et d'orange.
3. Pressez le jus des fruits.
4. Mettez le tout dans le fond d'une carafe. Ajoutez la menthe et le gingembre.
5. Versez l'eau et laissez reposer au frais.

VARIANTE
Ajoutez des rondelles de curcuma frais.

FENOUIL, CAROTTE, THYM ET THÉ VERT MATCHA

POUR 1 LITRE

5 MIN DE PRÉPARATION
1 H DE REPOS

FACILE
COÛT €€

MATÉRIEL

1 économe
1 carafe
1 tamis
1 fouet

1 petit fenouil • 2 carottes • 1 cuil. à café de thé vert matcha • 2 brins de thym frais

1 Épluchez le fenouil et les carottes et coupez-les en morceaux et rondelles.

2 Mettez le tout dans une carafe et versez l'eau filtrée.

3 Laissez reposer au frais puis filtrez la préparation et ajoutez le thé vert dans l'eau.

4 Fouettez la préparation pour qu'elle soit bien homogène et de couleur verte.

5 Rajoutez les légumes et le thym, servez immédiatement.

VARIANTE
Ajoutez quelques fanes des carottes.

RADIS NOIR, BETTERAVE, POMME VERTE, CITRON ET PERSIL

POUR 1 LITRE

5 MIN DE PRÉPARATION
30 MIN DE REPOS MINIMUM

FACILE
COÛT €

MATÉRIEL

1 économe
1 carafe

½ radis noir • ½ betterave • ½ pomme verte • 1 citron jaune • 5 brins de persil • 1 pincée de poivre noir parfumé • 1 l d'eau filtrée

1 Épluchez le radis noir et la betterave et coupez-les en tranches.

2 Coupez également la pomme et le citron en tranche et mettez le tout dans le fond d'une carafe.

3 Ajoutez les brins de persil et versez l'eau filtrée. Laissez reposer au frais.

VARIANTE
Ajoutez 1 cuil. à soupe de graines de fenouil.

LES PETITS

FAIT MAISON

RECETTES TESTÉES À LA MAISON

RETROUVEZ LES AUTRES TITRES DANS LA MÊME COLLECTION

LES PETITS
FAIT MAISON
RECETTES
TESTÉES À LA MAISON
BAR À RILLETTES
hachette
CUISINE

LES PETITS
FAIT MAISON
RECETTES
TESTÉES À LA MAISON
COCKTAILS
& JUS DE LÉGUMES
hachette
CUISINE

LES PETITS
FAIT MAISON
RECETTES
TESTÉES À LA MAISON
FRESH SOUPES
hachette
CUISINE

LES PETITS
FAIT MAISON
RECETTES
TESTÉES À LA MAISON
NICE CREAMS
& GLACES VEGAN
hachette
CUISINE

REMERCIEMENTS

Je remercie Céline et Laura pour ce projet. Merci à mes voisins et amis qui ont dégusté avec joie mes recettes et m'ont bien aidée à les rendre encore plus délicieuses.

Jesiel Maxán remercie KitchenAid pour pour le prêt de l'extracteur de jus et le Superblander Artisan, indispensables pour la réalisation de ces magnifiques recettes http://www.kitchenaid.fr/

Un grand merci à **Aline**, pour son enthousiasme et surtout ses magnifiques photos.

58, rue Jean Bleuzen – CS 70007 – 92178 Vanves Cedex

Direction : Catherine Saunier-Talec
Responsable éditoriale : Céline Le Lamer
Responsable de projet : Laura Gélie-Mouliet
Conception intérieure et couverture : Nicolas Gallois
Responsable artistique : Antoine Béon
Réalisation intérieure : Les paoistes
Correction : Emmanuelle Fernandez et Charlotte Müller
Fabrication : Amélie Latsch
Responsable partenariats : Sophie Morier (smorier@hachette-livre.fr)

Dépôt légal : juin 2017
31-1941-3/01
ISBN : 978-2-01-702059-2
Imprimé en Espagne par Cayfosa